TRAITÉ NOUVEAU

DES

PARTICIPES FRANÇAIS,

PRÉCÉDÉ

D'UN APERÇU CRITIQUE

SUR TOUTES LES PRINCIPALES GRAMMAIRES

SUIVIES EN FRANCE,

PAR **D. ROSSI**,

Professeur de Littérature et de Philosophie, Membre correspondant de la Société Gallicane de Paris.

PRIX : 2 FRANCS.

TOULON.

CHEZ M. MONGE, LIBRAIRE, PLACE BLANCARD, CHEZ M. RENOUX, LIBRAIRE, PLACE SAINT-PIERRE.

1855.

TRAITÉ NOUVEAU

DES

PARTICIPES FRANÇAIS,

PRÉCÉDÉ

D'UN APERÇU CRITIQUE

SUR TOUTES LES PRINCIPALES GRAMMAIRES

SUIVIES EN FRANCE,

PAR D. ROSSI,

Professeur de Littérature et de Philosophie, Membre correspondant de la Société Gallicane de Paris.

PRIX : 2 FRANCS.

TOULON.

IMPRIMERIE D'EUGÈNE AUREL, RUE DE L'ARSENAL, 13.

1855.

AVANT-PROPOS.

Un traité de participes est une *matière si petite et si aride*, que peu de personnes daigneront y jeter un regard. Pourtant est-il quelqu'un, voire même parmi les savants qui dans sa vie n'ait éprouvé quelque difficulté à écrire ses *participes?* Nous sommes fondé à croire qu'à part quelques honorables exceptions, l'embarras est presque général.

Mais signaler un inconvénient, ce n'est pas le combattre ni l'arrêter; un mal n'est radicalement guérissable que s'il est permis de remonter à sa cause, autant que faire se peut. Or, l'expérience nous autorise à assurer que l'obstacle à une connaissance complète des règles des participes se déduit de trois causes principales :

l'ignorance des principes;
l'abandon des principes;
la mauvaise exposition des principes.

Essayons de le démontrer rapidement.

Le hasard est un guide aveugle qui ne préserve jamais de la faute.

Il n'est pas de connaissance qui ne s'appuie sur une théorie; comme il n'est pas de science qui repose sur des faits isolés ou des observations éparses; il faut à ces faits et à ces observations des lois et des principes qui leur servent de base et de lien.

Or nous avons connu peu d'élèves, sortant d'un établissement quelconque, (1) qui fussent capables de bien analyser une phrase et de nous désigner d'une manière sûre le rôle que peut jouer chaque mot dans le discours. Des hommes

(1) Nous ne voulons pas parler de ces intelligences ingrates qu'aucun effort ne fertilise.

sérieux même, nous ont avoué ne reconnaître d'autre loi qu'une certaine routine pour leur orthographe.

Mais si la connaissance précise, exacte des premiers éléments est indispensable, elle retombe dans le néant, si elle n'est pas suivie et entretenue jusqu'à ce que l'élève soit à même de se rendre compte des idées perçues. Il n'est pas de mémoire, sans le secours de la conscience et de la réflexion (1). Quelle conscience et quelle réflexion peut-on attendre du jeune-âge? Ne sait-on pas que l'âge tendre ne *travaille* jamais à grossir le trésor de ses connaissances et que chez lui les premières empreintes se laissent facilement effacer sous des empreintes nouvelles? Tous les enfants ne sauraient être des Simonide, des Théodecte et des Sénèque dont la mémoire, dit-on, allait jusqu'au prodige. Et Quintilien, ce maître éclairé en toute chose, loin d'en faire un don purement naturel, considérait la mémoire comme le produit de la culture la plus assidue.

Et pourtant soit règlement universitaire, soit désir de faire illusion aux parents sur les prétendus succès de leurs fils, on a la manie d'établir des cours appelés *classes* où l'on varie les parties de l'enseignement français, et l'on met ainsi dans l'oubli ce qu'il ne faudrait jamais abandonner. Ce n'est connaître ni la nature de l'enfant ni la limite de ses facultés que de croire à la ténacité, à la persistance de sa mémoire; et disons-le hardiment, c'est faillir à son sacerdoce que de méconnaître ce qu'il ne faut jamais perdre de vue.

Ainsi, dans presque tous les établissements universitaires, on réserve aux premières classes, dites élémentaires, la démonstration de l'analyse grammaticale; après quoi on saute de plein pied à l'analyse logique, c'est-à-dire, à la démonstration philosophique de la nature du langage comme de ses finesses et de ses tours: bien heureux encore quand l'élève n'est pas condamné à labourer son terrain en prenant pour guide l'absurde traité de Chapsal (2).

(1) Voir Damiron, Laroque, Géruzez, Charma, Gatien-Arnoul, etc. Nous insistons sur ce point parce que nous nous sommes souvent entendu dire qu'un élève qui ne retenait pas ce qu'on lui avait une fois enseigné, avait mauvaise mémoire.

(2) Voici un échantillon du procédé analytique de ce grammairien, sous la férule duquel les écoles françaises se sont traînées environ plus de 20 ans.

L'analyse logique, selon nous, devrait se joindre à l'étude de la philosophie. Là, seulement est sa place, parce qu'à la philosophie seule revient la tâche de fixer les lois générales du langage; et dans une éducation purement française, elle devrait suivre ou précéder immédiatement le cours ordinaire de haute littérature, par la présomption toute naturelle que l'élève alors sera parvenu à cet âge où il peut user de sa raison et de son jugement et mettre l'un et l'autre au service de la logique.

Quant à la manière de démontrer, c'est encore une des plaies de l'enseignement. Il n'est pas de grammaire élémentaire où les définitions ne soient noyées dans un torrent de mots prétentieux, abstraits, philosophiques, que l'on ne se donne pas seulement la peine d'expliquer aux jeunes élèves (1).

Il faut travailler — le sujet est *il* pour *ceci*, simple et complexe à cause de son complément *travailler;* le verbe est *est*, l'attribut *fallant.*

A quoi aboutit cette analyse? à l'absurde et au barbarisme. — *Il* pour *ceci* sujet. — Or le verbe unipersonnel est toujours suivi de son véritable sujet, mais précédé jamais : première faute. — C'est le travail qui est nécessaire et non pas *il ceci*. Que dirons-nous du mot *fallant* qui n'est pas français? et c'est ce que l'on a enseigné jusqu'à présent dans toute la France! C'est à ne pas le croire.

(1) Citons quelques définitions extraites de différents grammairiens très suivis. — Qu'est-ce qu'un verbe? R. un mot qui *exprime* l'affirmation. Donc le verbe *nier* qui *exprime* la négation n'est pas un verbe; et par contraire, l'adverbe *oui* étant éminemment affirmatif, sera un verbe bel et bon. *Grammaticalement* parlant, cette définition du verbe est loin d'être exacte.

Qu'est-ce que l'*adjectif déterminatif?* R. celui qui *détermine* le substantif à l'aide de.... — Cette réponse équivaut à la suivante : Qu'est-ce que la lumière? R. un rayon lumineux : *idem per idem.* N'est-ce pas là un cercle vicieux? Continuons. Qu'est-ce qu'un *relatif?* R. celui qui a une *relation intime* avec le nom ou pronom qui précède..... Le lecteur connaît-il par hasard des pronoms qui n'aient pas des *relations intimes* avec des mots énoncés auparavant? Une bonne définition, en logique, est celle qui ne convient qu'au *seul défini* et à *tout le défini*. — *Soli definito, toti definito*.

Puisqu'on a la prétention de vouloir donner des définitions philosophiques, que n'imite-t-on pas les scolastiques qui appelaient le verbe *copula* c'est-à-dire *mot qui sert à lier?*

Parlerons-nous des adjectifs *métaphysiques* de Letellier? Bornons-nous à citer la plus plaisante chose qu'on puisse lire dans *toutes* les grammaires françaises. Comment reconnaît-on le verbe actif? R. En plaçant après lui *quelqu'un* ou *quelque chose*. — Donc *devenir*, *être*, *tomber*, *etc.*, sont des verbes actifs puisqu'on peut dire : je suis devenu empereur.... Hen?

Toute définition de principes demande de la clarté, de la précision, de la briéveté, et plus que tout cela, de la justesse et de la logique. Lhomond seul pourrait échapper à nos reproches *à certains égards;* mais il n'est pas moins entaché de ces vices qui faussent l'enseignement en induisant en erreur les jeunes intelligences. On peut en dire autant de Letellier, qui pourtant offre de fort bons préceptes. Napoléon Landais est d'une longueur qui l'empêche d'être à la portée de tous les âges; et pour bien des questions épineuses, il laisse au lecteur le plaisir de la solution. Pour lui, il se contente de jeter, comme la Sybille, confusément quelques vagues réponses sur le seuil du sanctuaire. Chapsal qui a été le roi des écoles pendant 25 ans, a été enfin détrôné par Bonneau, qui l'a fouetté d'importance en l'attachant au pilori du bon sens. Mais Bonneau aussi, tout en prénant la férule, a imité ce maître d'école qui pris d'envie de faire un jour l'Aristarque, ne sut res-

C'est bien *quelque chose* qui en vaut la peine. M... est sénateur, M... est amiral.... Est-on quelque chose, est-on quelqu'un, oui ou non?

J'ai vu tomber Madame...: voit-on tomber *quelqu'un*, oui ou non? Nous savons ce qu'on pourrait objecter à ce dernier exemple; mais si l'enfance savait raisonner, il ne serait pas besoin de tant de fatras et de grimoires.

Outre tout cela, on trouve quelque chose de plus piquant encore chez Bonneau, et nous ne saurions résister à la tentation d'étendre cette note.

Après avoir, sur l'origine du verbe et du sujet, émaillé son raisonnement de mots psychologiques, tels que *sentiments*, *attributs*, *facultés*, après nous avoir tous réduits à la condition des êtres qui n'ont d'autres propriétés que celles de *sentir*, de *se mouvoir* ou d'*être en repos*, tout juste comme Buffon définissait la brute, ce grammairien conclut que *le sujet* est *la cause* de *l'action* ou du *sentiment*; et pour qu'on ne se méprenne pas sur le sens de ses paroles, il a le soin d'ajouter : *sujet ici est synonyme de cause.* (Page 32, ligne 4, édition 25).

Or la cause, en philosophie, n'est autre chose que la *puissance qui produit*..... Nous nous permettrons, en conséquence, de dire à M. Bonneau que les *sentiments* et les *sensations* sont des modifications que l'âme ne se donne pas elle-même, ces phénomènes appartenant exclusivement au domaine de la passivité. Qu'il ne lui en déplaise aussi, la cause des *sensations* et des *sentiments* est inconnue : c'est là l'avis de *tous* les philosophes dont nous ne sommes ici qu'un faible écho.

Cela prémis, nous prendrons la liberté grande de lui adresser cette humble question :

Si le *sujet* est synonyme de *cause*, dans cette proposition — François a été assassiné — quel sera le sujet, puisque la cause de l'assassinat n'est pas assurément *François ?*

Il n'est pas nécessaire de pousser plus loin.

pecter lui-même ni les principes du langage, ni les lois les plus ordinaires du style (1).

C'est cependant la meilleure grammaire que l'on puisse avoir entre les mains; et nous nous flattons de l'avoir introduite dans l'enseignement à Toulon, avant tous les autres professeurs.

Boniface ne peut être défini que la contradiction enseignante; il vous jette dans un dédale d'où aucun fil ne vient vous tirer. En fait de règles, c'est toujours la raison qui doit nous guider.

Giraud Duvivier, par sa préface au roi, dans *la Grammaire des Grammaires*, semble avoir pris à tâche de prouver que si l'on se croit des droits à être le législateur de la langue, on ne peut se vanter au moins de savoir bien écrire. On dirait que le pédantisme des grammairiens soit incompatible avec les allures libres du style vraiment littéraire. Au surplus, la *Grammaire des Grammaires* pouvait répondre aux besoins d'une autre époque, mais assurément elle est pour le moins insuffisante aujourd'hui.

Il resterait la grammaire de Bescherelle, qui d'après nous est au-dessus de toute exception; et si notre avis est trouvé d'un léger poids dans la balance, nous ajouterons que c'est aussi celui d'un littérateur éminent, Philarète Chasle. Mais cette grammaire étant destinée aux écrivains et aux savants plutôt qu'aux élèves il ne peut en être question pour ces derniers. On ne saurait cependant trop engager à la lire ceux qui ont pour habitude de jurer sur la parole sacrée de l'éternel Chapsal : ils y apprendront un peu mieux le génie de la langue française, *quid deceat quid non.*

Pour obvier aux trois inconvénients que nous venons de signaler, nous proposons ce que nous pratiquons nous même dans notre enseignement particulier : insistez sur les principes auxquels vous devez consacrer un jour dans le mois, à

(1) C'est ce même instituteur qui dans un moment de sublime humeur a fait un crime à Buffon, à Le Maistre et à George Sand d'avoir fait suivre le verbe *préférer* d'un infinitif; à Boileau d'avoir employé le pronom *en* comme double régime dans ce vers *De servir un amant je n'en ai pas l'adresse*; et à Racine d'avoir fait par syllepse fait rapporter dans *Athalie* un pronom pluriel à un nom singulier. *O altitudo magistrorum* !

quelque haute classe que les élèves appartiennent (1) La connaissance de la langue nationale est le premier besoin de tout français. Nous dirons en parodiant les spirituelles paroles d'un brillant orateur : *creusez toujours*. Pour contempler le ciel n'allez pas oublier la terre, si vous voulez éviter des chutes profondes, ajouterons-nous avec un ancien philosophe.

Exposez vos principes sans emphase, sans circonlocution, avec clarté et précision. Le participe est un Protée : mettez à nu toutes ses faces possibles; c'est le vrai moyen de le saisir et de le fixer.

N'employez jamais un mot sans vous assurer en même temps qu'il est compris de votre élève dans sa véritible acception.

Interrogez souvent et vous acquerrez la conviction que ce que vous croyez intelligible pour tous, ne l'est souvent que pour vous; et que tous les faiseurs d'ouvrages, s'ils ne visent pas toujours à l'effet, croient toujours parler à un public éclairé. Cette malheureuse supposition fait qu'on trouve rarement un bon livre didactique.

Nous pourrions ajouter, pour dernière condition à un bon enseignement, la connaissance, *quelque peu étendue qu'elle soit*, de la langue latine et de la langue grecque. Nous ne parlons que du grec ou du latin déguisé, plus ou moins altéré. L'industrie, les arts, les sciences, vont tous puiser au vaste réservoir de ces deux langues-mères pour baptiser leurs nouveaux enfants.

Que répondrait un maître qui n'a jamais mis le pied dans le terrain classique du Latium ou des Hellènes, à celui qui lui demanderait l'étymologie de *superlatif*, de *cardinal* ou de *paniconographie*, d'*hydraulique*, etc.

La connaissance de la langue latine surtout devrait être rigoureusement exigée de toute personne qui se destine à l'enseignement.

L'effort que nous fesons, dit Saint-Marc de Girardin, pour étudier une langue étrangère, grave dans notre esprit les règles de la grammaire et nous en révèle la nécessité. Il s'établit

(1) L'examen de l'Administration de la marine a mis à nu ce déplorable oubli. Des candidats pourvus de leur diplome de bachelier, ont fait preuve d'une grossière ignorance en fait d'orthographe. Ils ont été rejetés comme de raison : on a crié à l'injustice; que ne se sont-ils plaints de leur propre ignorance, ou de la négligence de leurs maîtres?

des rapports et des comparaisons qui sont toujours profitables à l'étude de la langue maternelle. Mais ce but n'est atteint que si entre les deux langues il existe certains rapports de ressemblance et de différence. Trop de différence fait disparaître les termes de comparaison ; trop de ressemblance amoindrit l'effort intellectuel. Or, le latin seul peut fournir à l'étude de la langue française les deux conditions que nous jugeons indispensables : peu de différence, assez de ressemblance. Le latin est la source du français dont il il ne peut par conséquent beaucoup différer ; le latin a des allures libres, d'un autre ordre, ce qui en constitue la différence. C'est donc en l'étudiant qu'on peut découvrir le secret des lois qui régissent l'idiome français et le dévoiler par l'analyse.

Un dernier mot : avons-nous fait quelque chose de vraiment utile et de complet, en livrant à la publicité notre *Traité de Participes* tel qu'il est ? Lors même que nous aurions l'impertinence de nous dissimuler qu'il n'est donné à aucun d'atteindre à la perfection, nous ne pourrions oublier ce que nous avons souvent occasion de lire dans Horace : la plus minutieuse précaution est insuffisante contre la faiblesse de tous les instants.

Toujours est-il vrai que nous sommes heureux de justifier des efforts que nous commande le vif désir d'aplanir à nos élèves le chemin de l'instruction : puissent de plus habiles faire mieux dans l'intérêt d'une jeunesse qui a tant de droits à notre sollicitude et à nos soins !

TRAITÉ NOUVEAU

DES

PARTICIPES FRANÇAIS.

Nous allons présenter rapidement quelques notions grammaticales pour l'intelligence du procédé que nous avons adopté dans l'explication de quelques difficultés. Nous nous dispensons de définir le le sujet, le verbe et le régime : ce sont de ces notions premières auxquelles personne ne peut demeurer étranger.

Nous recommandons seulement avec instance qu'on pénètre bien les élèves de ce principe : que l'auxiliaire *être* qui accompagne tous les temps passés des verbes pronominaux, tient toujours la place du verbe *avoir*. Exemple : Ils se *sont* répondu, c'est-à-dire, ils *ont* répondu à eux.

§ Remarque sur les Pronoms : Les pronoms, toujours régimes directs, sont : *le*, *la*, *les*, *que*.

Les pronoms toujours régimes indirects, sont : *Lui*, *leur*, *donc*, *en*, *y*.

Les pronoms, qui sont tantôt régimes directs, tantôt régimes indirects, sont : *me*, *te*, *se*, *nous*, *vous*.

Les pronoms toujours sujets, sont : *je*, *tu*, *il*, *on*.

§ Qualificatif. L'adjectif qualificatif exprime la qualité de trois manières : simplement, avec comparaison ou au plus haut degré. De là trois degrés :

Le positif, le comparatif et le superlatif

Le positif ou adjectif simple. - Sage.
Le comparatif. — Plus sage, moins sage.
Le superlatif. — Très-sage.

Remarque. Il y a trois sortes de comparatifs :

Le comparatif d'égalité que l'on forme en mettant *aussi* devant l'adjectif et *autant* devant le participe passé : aussi bon, aussi grand, autant aimé qu'estimé.

Le comparatif d'infériorité que l'on forme en mettant *moins* devant l'adjectif : moins bon, moins grand.

Le comparatif de supériorité que l'on forme en mettant *plus* devant l adjectif : plus grand, plus sage.

Remarque. Le *que* qui suit le comparatif est toujours une conjonction ; il faut en dire autant de celui qui suit un verbe. — Je crois *que* Dieu est saint.

Superlatif. Le superlatif est la qualité ou l'adjectif porté au plus haut degré, comme : très-bon, le plus sage.

Remarque. Il y a deux sortes de superlatifs : le superlatif absolu et le superlatif relatif.

On forme le superlatif relatif en mettant *le, la, les, mon, ton, son, notre, votre, leur*, devant plus ou moins : le plus sage ami, mon plus beau chapeau, le moins beau.

Remarque. Le *que* qui suit le superlatif relatif, est toujours un pronom conjonctif (relatif) et par conséquent un véritable complément direct.

Remarque. Il y a des mots qui à eux seuls sont des comparatifs tels que : *meilleur*, pour *plus bon*, qui n'est pas français, *pire*, pour plus mauvais, *moindre* pour plus petit.

I.

Règles Fondamentales.

1. Le participe tout seul s'accorde comme l'adjectif avec le mot auquel il se rapporte.

Exemple : Une robe faite, les autels de Dieu abandonnés.

1. Le participe conjugué avec le verbe *être* tout seul, c'est-à-dire sans être précédé d'aucun pronom régime, s'accorde.

Exemple : Cette étude est faite. L'urne où étaient renfermées les cendres d'Hippias.

3. Le participe conjugué avec le verbe *avoir* ne s'accorde jamais, excepté quand il est précédé de son régime direct exprimé par *le, la, les, que, me, te, se, nous, vous*, ou d'un autre régime direct mis devant par interrogation.

Exemple : Il *les a menacés ;* les textes que nous avons *consultés*, — Quelle étourderie ai-je *commise?* — je l'ai *vue* la fille du péché.

Remarque. Si le participe était précédé de deux régimes, l'un direct et l'autre indirect, il s'accorderait toujours avec le régime direct. *Exemple :* L'idée que je m'en étais formée.

Remarques Particulières.

1. Le participe d'un verbe passif s'accorde toujours avec son sujet, malgré les pronoms, *lui*, *leur*, *en*, qui pourraient se trouver devant.

Exemple : Justice lui a été faite : elle en a été blâmée.

2. Tout pronom qui joint à un verbe neutre, n'en fait pas un verbe pronominal, doit être considéré comme n'existant pas et le verbe suit la règle générale.

Exemple : Les dents qu'on ne lui a pas arrachées, *lui* sont tombées.

Règle Mécanique.

Les participes des verbes *sortir*, *venir*, *parvenir*, *survenir*, *arriver*, *tomber*, *naître*, s'accordent toujours.

Exemple : Vos lettres me sont parvenues.

Mais il ne faut pas d'accord, si ces verbes sont employés impersonnellement.

Exemple : Quelle affaire vous est-il survenu ?
Que de monuments il s'est écroulé !

Parfois un verbe pronominal est employé dans le sens passif ; en ce cas il faut l'accord.

Exemple : Ces légumes se sont vendus cher (mis pour *ont été* vendus cher).

Ceci a lieu lorsque le sujet ne fait pas l'action sur lui-même et qu'il représente un objet inanimé.

II.

Verbes neutres accompagnés du verbe *Avoir*.

Les participes des verbes neutres accompagnés du verbe *avoir* ne s'accordent jamais,

Ces verbes sont : *vivre*, *dormir*, *subsister*, *courir*, *bouillir*, *mentir*, *exister*. *profiter*, *tressaillir*, *paraître*, *sembler*, *trembler*, *rire*, *sourire*, *briller*, *régner*, *plaire*, *déplaire*, *succéder*.

Exemnle : Elle a paru,
Les heures qu'elle a dormi.
Les années qu'elle a vécu.

Remarque. Dans ces deux cas, *dormi* et *vécu*, sont invariables parce que le pronom *que* est un faux régime mis pour *pendant lesquelles*.

Les 18 ans que Louis-Philippe a régné, il *les* a régné dans la paix. Les 18 ans, est régime d'une préposition ; le pronom *les* est un second régime répété par pléonasme, donc il a la même valeur que le premier.

Exception. *Courir*, *parler*, *danser*, peuvent avoir parfois un sens actif et par conséquent susceptible d'accord.

Exemple : Les lièvres qu'il a courus;
Les langues qu'il a parlées.
Les contre-danses qu'il a dansées.

III.

Verbes essentiellement pronominaux.

Les participes des verbes essentiellement pronominaux s'accordent toujours.

Ces verbes sont : *se moquer*, *s'abstenir*, *s'entêter*, *s'apitoyer*, *se repentir*, *s'empresser*, *s'emparer*, *se souvenir*, *se méfier*, *s'écrier*, *s'évanouir*, *se rendre maître*, *s'agenouiller*, *s'évertuer*, *s'écouler*, *s'émerveiller*, *s'enfuir*, *s'ébahir*, *s'immiscer*, *s'ingérer*, *se récrier*, *s'embusquer*.

Exemple : Elle s'est moquée de moi.

Nous ne donnons pas la liste de tous les verbes essentiellement pronominaux ; mais nous engageons l'élève à retrancher le pronom et à vérifier si l'on peut dire *gendarmer*, *désister*, *gargariser*, *méprendre*.... Par ce procédé, il parviendra à connaître s'ils sont *essentiellement pronominaux ou non*.

Nota. Les participes des verbes *se douter*, *se taire*, s'accordent toujours comme verbes essentiellement pronominaux.

Exemple : Ils se sont doutés de ce tour.
Elle s'est tue.

Il en est de même de, se promener, se prévaloir, s'apercevoir, se plaindre, s'échapper, se jouer, se glorifier, se vanter, se servir.....

Se persuader suivi de *que* ne s'accorde jamais au participe.

Exemple : Ils s'étaient persuadé que vous viendriez.

Il y aura accord si le participe est suivi de la proposition *de*.

Exemple : Ils s'étaient persuadés de cette vérité.

Nota. Quelques grammairiens font l'accord de ce participe facultatif.

IV.

Se rappeler, s'imaginer, se figurer.

Les participes de ces verbes sont toujours invariables à moins qu'ils ne soient précédés des pronoms, Le, La, Les, Que, ou du régime direct, placé devant par interrogation.

Exemp. sans accord :
Elle s'est rappelé la promesse.
Elle s'est imaginé que je plaisantais.
Elle s'est figuré que je ne l'aimais pas.

Accord.
La chose qu'elle s'est imaginée.
La fête qu'elle s'est rappelée.
Quelle scène s'est-elle imaginée ?

Remarque. Pour tout verbe accidentellement pronominal lorsqu'il n'est pas neutre il faut toujours chercher la place de son régime direct.

Le régime direct est-il placé devant le participe ? accord. Est-il placé après? pas d'accord.

Exemple : Ils se sont arrogé des droits, — ici point d'accord, le régime direct étant après.

Les droits qu'ils se sont arrogés. — Accord, le régime étant placé devant.

V.

SE DIRE.

Le participe de *se dire* ne s'accorde jamais, à moins qu'il ne soit suivi d'un mot servant d'attribut (qualité) au pronom.

Elle s'est dit.... : *sans accord.*

Ils se sont dits nos amis : accord, les mots *nos amis* attribut de *se* étant placé après le verbe.

VI.

SE METTRE EN TÊTE.

Le participe de ce verbe ne s'accorde jamais, à moins qu'il ne soit précédé des pronoms *le*, *la*, *les*, *que* :

Elle s'est mis en tête.

La chose *que* je me suis mise en tête...,

S'ACCORDER.

Le participe passé de *s'accorder* signifiant *se donner*, reste invariable ; à moins qu'il ne soit précédé de le, la, les, que.— *Exemple:* Ils se sont accordé des éloges.

S'accorder signifiant *s'unir*, s'accorde toujours au participe.

Exemple : Les savants se sont accordés à reconnaître ce phénomène.. ..

SE SERVIR.

Le participe de ce verbe employé pronominalement s'accorde toujours.

Exemple : Elle s'est servie de mon cabriolet.

Remarque. Le participe de ce verbe reste invariable, lorsqu'il a pour sujet un nom de chose inanimée.

Exemple : Madame, votre châle vous a bien servi.

VII.

Verbes neutres pronominaux.

Les participes des verbes neutres pronominaux, sont toujours invariables.

Ces verbes sont : se plaire, se déplaire, se complaire, se ressembler, se convenir, se rire, se sourire, se parler, se succéder, se nuire.

Exemple : Ils se sont plu : nous nous sommes succédé, etc.

Remarque. Si à la place de *Ils se sont convenu*, il y avait : *Ils sont convenus*, il faudrait l'accord d'après la règle énoncée au n° 1 ; que tout participe conjugué avec l'auxiliaire être *tout seul* s'accorde.

VIII.

Verbes impersonnels.

Le participe des verbes impersonnels est toujours invariable.

Exemple : Les chaleurs qu'il y a eu.
Il s'est glissé une faute dans cet ouvrage.
Les peines qu'il a fallu.
Les larmes qu'il en a coûté.

1re *Remarque.* Dans ce dernier exemple *coûter* signifie *causer* et le participe devrait s'accorder ; mais comme il est employé impersonnellement, il reste invariable.

2me *Remarque.* Si devant le verbe impersonnel, il y avait un nom ayant un sens interrogatif, il n'y aurait rien de changé, et le participe resterait invariable.

Exemple : Quelle peine vous est-il survenu ?
Que de livres il s'est imprimé cette année !

IX.

Participe entre deux *que*.

Le participe entre deux *que* reste toujours invariable, quand le premier *que* est régime du second verbe.

Exemple : Les livres que j'ai demandé avec instance qu'on me donnât....

La résolution que vous avez approuvée que j'allasse à la campagne.

Dans cette phrase, au contraire, le *que* est régime du premier verbe, et par conséquent il faut l'accord.

Mais il est juste de faire observer que cette manière de parler est un peu forcée.

X.

Participe précédé d'un comparatif.

Tout participe précédé d'un *que* et d'un comparatif demeure invariable.

Exemple : L'affaire fut moins sérieuse que je ne l'avais pensé.

Dans cette phrase le *que* est regardé comme conjonction et le mot *le*, pronom invariable, représente un verbe sous-entendu.

Remarque. Cette règle peut subir une exception :

Si à la place du pronom invariable *le*, on trouve les pronoms *Le*, *La*, *Les*, *Que*, représentant une personne et un régime direct, le participe s'accordera.

Exemple ; Madame, êtes-vous aussi bien portante que je vous avais laissée ?

Voici d'autres exemples qui font exception à la règle précédente.

Le résultat a eu lieu ainsi que nous nous y étions attendus.

Le bal a été plus brillant que nous ne nous y étions attendus.

Dans ces deux cas, le participe *attendus* étant précédé d'un pronom variable, employé comme régime direct, doit s'accorder.

— Il a épousé une femme riche comme il l'avait désirée (avec accord).

Il a épousé une femme riche comme il l'avait désiré (sans accord).

Dans le premier cas, on exprime que le désir a porté sur la femme douée de telles et telles qualités; le pronom, se rapportant à la femme, est variable et par conséquent le participe s'accorde.

Dans le second cas, le désir n'a dû porter que sur l'action d'épouser une femme riche, quelle qu'elle fût d'ailleurs ; le pronom étant alors employé invariablement le participe reste invariable.

XI.

Comme, ainsi que.

Comme pouvant se remplacer par *tel que* ou *dans l'état où*, exige l'accord, les pronoms *le, la, les* qui suivent cette conjonction étant de véritables pronoms variables.

Exemple : Cette bête, comme nous l'avons vue, paraissait privée de mouvement, c'est-à-dire, dans l'état où nous l'avons vue.

Comme ayant simplement la valeur de *ainsi que*, n'exige aucun accord.

Exemple : Cette perfidie a eu lieu comme je l'avais supposé.

Cette bête, comme nous l'avons vu dans l'histoire, est privée d'instinct, c'est-à-dire, *ainsi que nous* l'avons vu.....

Nota. Il est des cas où la pensée seule de l'écrivain peut déterminer l'accord. Cependant voici à-peu-près la règle que l'on peut suivre à cet égard.

Le participe a-t-il trait au verbe précédent? point d'accord: porte-t-il sur la chose énoncée ? accord.

1er *Exemple*: L'affaire a réussi comme nous l'avions annoncé. Ici le participe *annoncé* portant sur le verbe *a réussi*, reste invariable.

2e *Exemple*: La chose est bien comme nous l'avions annoncée. Ici, le participe *annoncé* portant sur la *chose* ou sur telle et telle *qualité* de la chose, doit s'accorder.

Au reste on peut essayer de tout mettre au pluriel, et l'oreille en décidera mieux que tous les raisonnements possibles.

Or dans le dernier exemple, on peut parfaitement dire : les choses sont bien comme nous les avions annoncées, ou décrites etc. ; donc il faut l'accord.

—Comme, ainsi que, aussi bien que.....—

Chapsal prétend d'une manière absolue que quand deux substantifs sont unis par une de ces conjonctions, c'est le premier substantif seul qui détermine l'accord. Il est fortement dans l'erreur.

Voici la seule règle à suivre à cet égard. Si c'est une comparaison que l'on veut exprimer, le participe s'accordera avec le premier.

Exemple : Son âme, comme son corps, s'est affaiblie.

Cette bataille, comme tant d'autres, s'est terminée par la défaite de l'ennemi.

Mais on mettra le participe au pluriel, si l'expression *ainsi que* représente une simple conjonction, un mot copulatif.....

C'est sa modestie ainsi que son mérite que j'ai loués.

Ce sont les sciences, ainsi que les arts qu'il a cultivés.

Cette manière de voir qui de tout temps a été la nôtre, nous l'avons trouvée confirmée par Bescherelle ; et d'ailleurs elle est d'accord avec l'opinion de Buffon, de B. de St-Pierre, de Voltaire, de Regnard, de La Fontaine, de Lamartine et G. Sand. Et pour ne citer qu'un exemple puisé chez un des plus purs écrivains français, écoutons Voltaire. « Dans l'Egypte, dans l'Asie et la Grèce, Bacchus ainsi qu'Hercule étaient *reconnus* comme demi-dieux. »

Y en a-t-il assez pour avoir raison sur Chapsal ?

TEL QUE.

Tel que, au milieu d'une phrase, suivi d'un pronom exige l'accord du participe suivant ; parce que ce pronom représente toujours un régime direct.

Exemple : Mademoiselle je vous ai retrouvée telle que je vous avais vue il y a trois ans.

Cette histoire telle que nous l'avions lue.

On saisira mieux la raison de cet accord en mettant le pronom au pluriel. — Telles que nous les avions lues.

Remarque. Le bon sens et les principes de la langue latine qui seule fournit les lois de la grammaire générale, nous font un devoir d'être en désaccord avec Chapsal qui rend le participe invariable dans le cas cité.

XII.

Participe précédé d'un superlatif relatif.

Le participe précédé d'un *que* et d'un superlatif relatif s'accorde toujours.

Exemple : Louis XIV est un des plus grands rois que la France ait eus.

Dans ce cas le *que* est un véritable régime direct et le participe doit s'accorder.

XIII.

Participe suivi d'un infinitif.

Le participe suivi immédiatement d'un infinitif s'accorde quand ce dernier peut se tourner par *qui*, avec l'imparfait, en mettant le nom ou pronom entre deux, c'est-à-dire entre le participe et l'infinitif.

Exemple : Ils se sont vus dépérir. Accord, on peut dire : Ils ont vu eux qui dépérissaient.

Les enfants que j'ai vus grandir. Accord, on peut dire : Les enfants qui grandissaient.

1re *Remarque.* Cette règle est applicable devant tous les verbes neutres, car tous les verbes neutres peuvent se tourner par *qui* avec l'*imparfait*.

Exemple : Je l'ai laissée entrer : pour j'ai laissé elle qui entrait.

Les arbres que j'ai vu planter : ici point d'accord, parce qu'on ne peut pas dire : J'ai vu les arbres qui plantaient.

2me *Remarque.* Cette règle ne peut avoir lieu pour le participe suivi d'un infinitif précédé d'une préposition.

Exemple : Mademoiselle, avez-vous vu les églises que je vous ai engagée à voir ? Ici on ne peut pas tourner l'infinitif par *qui*.

3me *Remarque.* Pour connaître véritablement si le participe doit s'accorder ou non, il suffit de chercher le mot qui peut être placé entre le participe et l'infinitif. Comme ce mot sera le régime véritable du participe, ce sera avec ce régime qu'on l'accordera.

Dans notre exemple, *engagée* s'accorde, parce que *vous* est le mot que l'on peut placer entre le participe et l'infinitif.

OBSERVATION IMPORTANTE.

L'état de sa fortune qu'on avait CRUE *considérable*...
La place qu'on m'a ASSURÉE être stable...

Nous ne partageons pas l'avis de Boniface qui accorde le premier participe et rend invariable le second ; parce que dans le premier cas nous regardons la phrase comme elliptique : rien n'empêche en effet de dire *sa fortune qu'on avait* crue ÊTRE *considérable.*

Dans le second cas, la suppression du verbe *être* ne change rien au sens et à la construction de la phrase : la place qu'on m'a assurée stable.

Au reste, l'auxiliaire *être* se construisant dans toutes les langues comme un verbe neutre, le participe qui le précède, doit suivre la règle incontestable de la 1re remarque.

XIV

Lorsque l'infinitif est précédé de la préposition *à* et qu'il peut se tourner par *devant être* ou *pour être*, l'accord du participe est facultatif, comme dans ces phrases :

Les livres que je vous ai donné à lire ou donnés à lire, ce qui est pour *devant être* ou *pour être* lus.

XV.

Dû, pu, voulu.

Les participes dû, pu, voulu, sont toujours invariables dans les cas suivants.

Exemple : je lui ai rendu tous les services { que j'ai pu. / que j'ai dû. / que j'ai voulu.

La raison est qu'après ces participes on sous-entend l'infinitif *rendre.*

Il y a pourtant exception dans cette phrase :

Exemple : Il veut fortement les choses qu'il a une fois voulues.

1re *Remarque.* Le participe *dû* est susceptible d'accord, lorsque employé dans un sens actif ou pronominal, il est précédé de son régime direct.

Exemple : Les sommes que nous avons *dues.*

Les égards que nous nous sommes *dus.*

2me *Remarque.* Le participe *dû* employé dans un sens passif, s'accorde toujours.

Exemple : Cette somme m'est due.

Remarque. Le participe *pu* ne s'accorde JAMAIS.

FAIRE.

Le participe *fait* conjugué avec *avoir*, s'accorde comme celui des autres verbes.

Exemple : La faute qu'il a faite.

Les voyages qu'ils ont faits leur ont profité.

1re *Remarque.* Ce participe suivi d'un infinitif ne s'accorde jamais, parce qu'il est censé former un sens indivisible avec cet infinitif.

Exemple : Leur sagesse les a fait réussir.
Ma fille était malade, je l'ai fait coucher, je l'ai fait saigner, je l'ai fait asseoir.

Remarque. On dirait plus correctement je l'ai fait se coucher, je l'ai fait s'asseoir ; mais l'usage permet de dire autrement.

CROIRE, JUGER PROPRE A, APTE A, HABILE A etc.

Les participes de ces verbes ainsi que l'adjectif qui les suit s'accordent lorsqu'ils sont précédés des pronoms le, la, les, que.

Exemple : Les enfants que j'ai jugés aptes au travail.

Juger à propos, juger convenable, juger nécessaire.

Les participes de ces verbes suivis de la proposition *de* et d'un infinitif ne s'accordent jamais.

Dans l'exemple qui suit, il faut, au contraire, accorder le participe puis qu'il n'est pas suivi d'un infinitif.

Exemple . Les mesures que j'ai jugées convenables.

Mais si l'on disait :

Les mesures que j'ai *jugé* convenable de prendre, les deux mots *jugé* et *convenable* resteraient invariables parce qu'ils sont suivis d'un infinitif et d'une préposition.

La raison est que dans ce cas le *que* est régime du second verbe et non du premier.

XVI.

Peu de.

Quand dans une phrase on peut retrancher *peu de,* le participe qui vient après le *que*, s'accorde.

Exemple : Le peu d'affection que vous lui avez témoignée lui a rendu le courage.

On peut dire l'affection . . . lui a rendu le courage.

Quand le sens ne permet pas de retrancher *peu de*, le participe ne s'accorde pas

Exemple . J'ai à me plaindre du peu d'égards que l'on a eu pour moi.

On ne peut pas supposer que l'on se plaigne des égards, et par conséquent il n'est pas permis de retrancher *peu.*

XVII.

Autant, Combien, Que dans le sens de Combien, Peu, Plus, Moins.

Remarque. On appelle régime sylleptique le substantif qui suit immédiatement un de ces adverbes pour en compléter le sens, comme : beaucoup de soldats. . . . — Sylleptique signifie en grec pris ensemble, avec. . . . *Sun* avec, *lambano* prendre.

Quand ces adverbes sont suivis immédiatement du régime sylleptique, le participe qui vient après s'accorde, avec le régime sylleptique.

Ex : Combien d'oiseaux avez-vous mangés?
Combien de soldats avez-vous vus passer?
Combien avez-vous attrapé d'oiseaux?

Dans ce dernier exemple; l'adverbe de quantité n'étant pas suivi immédiatement du régime sylleptique, le participe ne s'accorde pas.

1re *Remarque*. Si le participe est suivi de l'infinitif et que cet infinitif ne puisse pas se tourner par *qui* et l'imparfait, il ne faut point d'accord.

Ex : Combien de criminels avez-vous vu fusiller?
(Ce ne sont pas les criminels qui fusillent.)

2e *Remarque* : Le pronom *en*, quoique représentant un régime sylleptique, ne demande pas l'accord du participe qui le suit, par la raison que le pronom n'a pas de terminaison variable. C'est l'avis des meilleurs grammairiens.

Autant de villes ce roi a assiégées, autant il en a *pillé*. Des fleurs, j'en ai *cueilli* pour vous... (*Boniface*.) Cependant l'emploi contraire ne devrait pas être regardé comme fautif, puisqu'il est autorisé par de bons grammairiens et par d'excellents auteurs.

XVIII.

Coûter, Valoir.

Les participes des verbes *coûter*, *valoir*, signifiant, causer, ménager, procurer, s'accordent avec le régime direct qui les précède.

Ex : Les peines que cette affaire m'a coûtées.
Les honneurs que cette place m'a valus.

Dans les cas où il est question d'argent ou de valeur, le participe reste toujours invariable, le verbe ayant un sens neutre.

Ex : Les sommes que ce cheval m'a valu, m'a coûté.
C'est-à-dire, par lesquelles ce cheval a une valeur. (La langue latine seule peut donner la clef de cette explication.)

Remarque. Ne confondez pas le cas précédent avec le cas suivant où il faut l'accord.

Ex : Les mille francs de rente que cette campagne m'a valus, je les ai dépensés: ici *valu* signifiant *procurer*, *rendre* et non avoir une valeur, s'accorde.

Se proposer.

Le participe du verbe *se proposer* suivi de *de* ne s'accorde jamais.

Exemple : Nous nous sommes proposé de partir.

Le participe du verbe *se proposer* suivi de *pour* s'accorde toujours.

Exemple : Nous nous sommes proposés pour l'accompagner.

Remarque. La véritable raison est que dans le premier cas le pronom est régime indirect, et dans le second il est régime direct.

Le verbe se proposer dans tous les autres cas suit la même règle que les verbes actifs.

Exemple : La partie de mer que nous avons proposée.
Les exemples que nous nous sommes proposés.

Excepté, supposé, compris, vu, attendu, joint, inclus, etc.

Ces participes sont toujours invariables, lorqu'ils précèdent immédiatement le substantif.

Exemple : Supposé l'existence de ce fait.
Vu cette circonstance.

Inclus et *joint* prennent pourtant l'accord, quand ils sont suivis d'un substantif déterminé par l'article.

Exemple : Je vous ai envoyée ci-incluse la copie.

Remarque. A moins que ci-inclus et ci-joint ne soient au commencement de la phrase.

Exemple : Ci-joint, ci-inclus la copie.

Ici quoique le nom soit déterminé, il ne faut point d'accord.

Je l'ai échappé belle.

Cette phrase étant ellyptique, le participe reste invariable.

C'est comme s'il y avait : Je l'ai échappé d'une belle manière.

Participe précédé de deux ou de plusieurs substantifs.

Quand il y a deux noms l'un masculin, l'autre féminin, le participe s'accorde avec le genre le plus noble.

Exemple : Le frère et la sœur sont venus.
Les soucis et les peines qu'il m'a coûtés.

Participe précédé de plusieurs substantifs et ne devant s'accorder qu'avec un seul.

Dans le cas où le participe serait précédé de plusieurs substantifs et que le raisonnement n'exigeât l'accord qu'avec l'un d'eux, voici la règle que nous recommandons de ne pas perdre de vue : Le participe s'accorde avec le *plus* et non avec le *moins* ; en d'autres termes, le participe s'accorde avec le substantif ayant un sens affirmatif et non avec le substantif qui a un sens négatif.

Exemple : Cet auteur nous dit que c'est un livre utile et non une satire qu'il a composé ; mais lisez son ouvrage, et vous serez convaincu que c'est une véritable satire, et non pas un bon livre, qu'il a publiée.

Dans le premier cas, c'est avec *livre*, mot affirmatif, que le participe doit s'accorder, et dans le second membre de phrase c'est avec *satire* pour la même raison.

Il faut en dire autant du mot *plutôt* employé dans un sens exclusif.

Exemple : C'est sa fille, *plutôt* que son fils, qu'il a blâmée.

A cette règle on peut rattacher les cas suivants :

1° Lorsque les substantifs sont liés par *non seulement*, *mais encore*, c'est avec le substantif qui suit *mais encore* que l'accord a lieu, la phrase étant elliptique.

Exemple : Non seulement toutes ses richesses et ses honneurs, mais encore toute sa vertu s'est évanouie. *Vaugilas.*

2° Lorsque deux substantifs sont liés par la conjonction *ou*, l'accord du participe se fait avec les deux, si la phrase renferme un sens général, comme celui d'une maxime.

Une extrême exaltation ou un grand abattement se sont toujours manifestés chez les personnes sensibles.

3° Il en est de même si les mots sont liés par *ni*.

Ni l'amour ni la haine ne sont écoutés.

Le participe se mettra au singulier et s'accordera avec le dernier substantif, s'il ne s'agit que d'un fait particulier.

C'est un château ou une ferme qu'on a *brûlée*.

4° C'est encore le dernier substantif qui détermine l'accord, s'il y a gradation. — C'est votre patrie, votre religion, la divinité que vous avez offensée.

5° Lorsque le participe est précédé d'un collectif général, c'est ce collectif qui détermine l'accord et non pas son complément.

Exemple : La foule des flatteurs que sa fortune a *attirée*.

A moins que le collectif général ne soit employé par exagération: en ce cas l'accord du participe se fait avec le complément du collectif. Ex.: ce torrent de larmes qu'il a *essuyées*. On n'*essuie* pas un torrent.

6° Lorsque le participe est précédé d'un collectif partitif, c'est avec son complément que se fait l'accord du participe : une foule de curieux qu'avait *attirés* ce bruit.

7° Si le collectif partitif exprime un tout bien précis, bien distinct, bien déterminé, l'accord se fait avec le collectif et non avec son complément.

Une troupe de soldats formée à ses frais s'avançait...

Toulon. — Imprimerie d'E. AUREL, rue de l'Arsenal, 13.

www.ingramcontent.com/pod-product-compliance
Ingram Content Group UK Ltd.
Pitfield, Milton Keynes, MK11 3LW, UK
UKHW020541230726
13925UKWH00006B/2414

9 782014 446470